经营力

稻盛开讲
02

稻盛和夫
（日）

蔡越先 ——
—— 译

人民东方出版传媒
People's Oriental Publishing & Media
东方出版社
The Oriental Press

图书在版编目（CIP）数据

稻盛开讲 . 2, 经营力 / (日) 稻盛和夫著 ; 蔡越先译 . — 北京 : 东方出版社 , 2014.12
ISBN 978-7-5060-7932-7

Ⅰ . ①稻⋯ Ⅱ . ①稻⋯②蔡⋯ Ⅲ . ①稻盛和夫－企业管理－经验 Ⅳ . ① F279.313.3

中国版本图书馆 CIP 数据核字 (2014) 第 309815 号

INAMORI KAZUO CDBOOK SERIES IMA「IKIKATA」WO TOU ②
KEIEINIMOTOMERARERUCHIKARA
Copyright© Kazuo Inamori 2008
Simplified Chinese translation copyright © ORIENTAL PRESS 2014,
All rights reserved
First original Japanese edition published by SUNMARK PUBLISHING, INC.,Japan 2008
Simplified Chinese translation rights arranged with SUNMARK PUBLISHING, INC.,Japan
through BEIJING HANHE CULTURE COMMUNICATION CO.,LTD.

本书中文简体字版权由北京汉和文化传播有限公司代理
中文简体字版专有权属东方出版社
著作权合同登记号 图字：01–2014–8471 号

稻盛开讲 2：经营力
（ DAOSHENG KAIJIANG 2：JINGYINGLI ）

作　　者：〔日〕稻盛和夫
译　　者：蔡越先
责任编辑：贺　方
出　　版：东方出版社
发　　行：人民东方出版传媒有限公司
地　　址：北京市东城区东四十条 113 号
邮政编码：100007
印　　刷：北京联兴盛业印刷股份有限公司
版　　次：2015 年 3 月第 1 版
印　　次：2018 年 3 月第 4 次印刷
印　　数：18 001–23 000
开　　本：787 毫米 × 1092 毫米 1/32
印　　张：3.5
字　　数：26 千字
书　　号：978-7-5060-7932-7
定　　价：36.00 元
发行电话：（010）85924663　85924644　85924641

燃燒的鬥魂

编者按

京瓷及 KDDI 的创始人稻盛和夫先生，作为聚拢年轻企业家的盛和塾的塾长，为培养并提携经济界的新生力量倾注了毕生心血，通过盛和塾的历届活动，亲口传授其独树一帜的人生哲学与经营理念。

与此同时，作为经济、政治以及文化等众多领域的舆论领袖，稻盛先生的言谈常常备受瞩目。

稻盛先生的演讲字字珠玑，惜有幸亲临现场聆听者甚为有限。此次整理演讲原文，悉数结集出版，并将 CD 随书一同发售，望能惠及更多人士。

本系列丛书，若果真能为诸位的人生助一臂之力，成就辉煌未来，那真可谓是荣幸之至。

本书将 2006 年 11 月 26 日稻盛先生在盛和塾纽约塾长联合例会上的演讲整理成文，CD 中收录其演讲原音。会议现场录制，音质可能会有不尽人意之处，期望能予以谅解。

本 CD 与 KCCS 管理咨询株式会社所

发售《稻盛和夫经营演讲录 CD 系列》第

67 卷《经营力》内容相同。本书根据演讲

录音整理，为阅读之便，稍作改动与编辑。

目录

经营者的"自力"

经营取决于
坚强的意志

经营者的『自力』

验证商业的
可行性

今天，我要谈一谈经营必不可少的三大关键力量。

一种是"自力"，是企业高层管理者必须具备的力量。这种力量正如"经营十二条"所说，能够统筹全局并贯彻执行。这是经营者能力的首要体现。

当被问道："你是否具备经营

力？能否运用自如？"倘若你能够坦然答道："本人切实履行'经营十二条'，并贯彻于实践。"那么，可以说，你基本具备了经营者之力。

在日本，经营者起点不一。子承父业者有之，闯荡社会、摸爬滚打后出人头地者有之。而在美国，多数情况下，筹划某项新事业，会多方考察，发现商机，而后才开始独立门户。

在这种情况下，经营者还无需考虑"经营十二条"，首先要做的是，要斟酌筹划中的事业、正要起步的项目，在商业上是否可行。自行验证商机是否已经成熟，才是第一要务。

以制造业为例来说明。该行业一定存在既定的市场价格，那么，生产制造的成本价格能否与市场价格相抗衡？成本价格，加上材料费用、人工费用，最终决定了商品的售价。问题的关键在于，相较于商品售价，成本价格是否具备强有力的竞争优势。

有的经营者尚未进行深入探讨，仅仅因为自身有生产能力而匆忙开工。他们却不曾预料，投入生产之后，一旦该商品的售价大幅下跌，会立即造成亏本，陷入进退两难之境，这种情况也很常见。制造行业，必须事先计算生产成本、材料费用、人工费用，然后将其与市场售价进行比较，确实具备强有力的竞争优势后，才能投入生产。

流通业也是如此。流通业一般进行物品的采购与销售，或者并不实际销售，只赚取佣金或回扣。经销商、代理商、中介等均属于此类。

他们为某家制造商的产品招徕顾客，由制造商与顾客直接交易，作为中介费收取交易额3%或5%的佣金。包括这种情形在内，都属于流通业，入行门槛低，迅速便捷，投资规模小，这恐怕是最好做的生意。

即使是在这种状况下，经营者也必须由销售价格减去采购价格，计算出差价总额。

如果还需要辅助宣传等工作，那么经营必须保证至少 10%，甚至 15% 的毛利率。

当然还要根据行业与市场的实际情况来计算合适的毛利率。因为在有些场合，销售过程中的人工费用相当高，而另一些场合则基本没有人工开支。

流通业中，全程独自操办，商品会得到多少毛利；雇用营业员进行销售，能否支付足够的工资——种种商业设想是否可行，是经营者首要考虑的问题。

经过一系列的深入探讨、论证并试行，确定赚取多少差额可以进行销售，投入多少成本可以开始生产。如果设想行得通，那么，万事俱备，只待着手创业。

前期准备到位，企业开始运营，紧随其后最重要的问题是，高层管理人员、经营者是否具备足够的力量。

经营者踌躇满志，愿意在流通或制造行业中大展身手，有信心赚取足够的佣金和毛利，立志全力以赴，不随意挥霍或者三心二意，那么，接下来，必须依照"经营十二条",充分发挥经营者自身的才能与力量。

如果经营者自身不具备才能与力量,那
么经营就无从谈起。因此,经营者不可寄希
望于他人,一定要亲自上阵,踏踏实实履行
"经营十二条",培养"自力"。

踏实履行
"经营十二条"

"经营十二条"的第一条,"明确事业的目的与意义"。这就要求经营者应该行事光明磊落,行大义,尽本分,树立崇高目标。

为了提醒自己,不忘初衷,经营者必须确立"行大义、尽本分"的目的与意义。

创立事业、企业之初,倘若经

营者只为满足私利私欲，那将不得人心。员工会产生抵触情绪，认为经营者发财心切，颐指气使……如此一来，企业就不可能顺利发展。

所以，经营者必须树立"行大义、尽本分"的高层次目标，确立员工认同的意义与使命。

同时，经营者还必须目标高远，不能为中饱私囊而创业。话说回来，在美国，经营者满足一己之利、赚得盆满钵满的例子也司空见惯。

除此之外，有些公司由多人结成利害关

系，合伙创业，各司其职。这种情况下，利润分配只在高层领导者之间进行，一般员工容易闹情绪、结怨气，组成职工工会之类，挑起各种事端——这类事件也常见于诸报端。

依我之见，即便在为利害得失、私利私欲所驱动的美国社会，也应当确立"行大义，尽本分"的崇高目标。

第二条，"设定具体目标"。例如将"本公司本年度的销售计划与盈利计划"分解为月度实施方案，并将每个月的具体安排落实到每一名员工。

经营目标与计划避免空洞抽象，必须让

每一名员工都能理解，并产生意愿——"社长，目标已明确，照此实行"。经营者设立月度目标，并向员工解释到位，努力得到员工的协助，使员工能与自己齐心协力。如果企业不能制定如此能具体实施的方案，并落实到每一名员工，那么企业必成一盘散沙。

第三条，"胸怀强烈的愿望"。这种愿望是要渗透到潜意识的强烈而持久的愿望。强烈的愿望，纵有千难万险，也要矢志不移，不达目的誓不罢休——领导者、高层管理者必须铭记在心！

为了实现某一愿望，领导者甚至会日思

夜想，寝食难安。

今天，我想讲京瓷经营过程中发生的一件事。当时，自己尚且年轻，事事操心。那是新年后公司第一天上班，我召开员工大会，公布年度方针策略。正因为意识到，缺乏强烈的愿望难以成事，于是，我提出的口号是"新计划，新成就；高眼界，高气魄；不屈不挠，同心同德；心往一处想，劲往一处使"。

我用毛笔将这些口号写出来，张贴在公司醒目位置，并告知全体员工：今年，公司以此来鼓舞士气，发展经营。

"新计划，新成就；高眼界，高气魄；不屈不挠，同心同德；心往一处想，劲往一处使"，这个口号改编自中村天风（中村天风，1876年-1968年，日本哲学家，曾跟随印度瑜伽大师在喜马拉雅山修行，创立了"天风哲学"，对日本社会有巨大影响。——译者注）的语录，非常激励人心。（再次朗诵标语）

振兴企业，制订新计划，明确每个月的具体实施方案，从而发展经营。为达到目标，必须付出不亚于任何人的努力，不畏困难，不屈不挠，意气风发，团结一致，顽强拼搏，兢兢业业！

换言之，目标明确、愿望强烈，是计划达成的必要条件。我借用中村天风先生的语录，将这一理念写成口号，希望诸位能"胸怀强烈的愿望"。

第四条，"付出不亚于任何人的努力"。枯燥无味的事务也决不懈怠，一步一步，脚踏实地，孜孜不倦。

日常工作并不风光。日复一日，为营业额而焦头烂额，疲于奔命，屡遭拒绝还得硬着头皮去争取订单。这种枯燥无味的事务也决不懈怠，一步一步，脚踏实地，孜孜不倦，即做到了"付出不亚于任何人的努力"。

第五条，"销售最大化、费用最小化"。与其追逐利益，不如从结果出发，量入为出，利益会随之而来。避免为利润本身所驱动，转而专注于"销售最大化、费用最小化"，自然会创造出最大的利益。

第六条，"定价即经营"。所谓定价，刚才我也解释过，即赚取多少差额。倘若这个前提不成立，那么，所有努力都只能付之东流。所以说，必须确定售价、确定进价，正可谓"定价即经营"。

一般来说，售价不是自己说了算，而往往取决于市场，而进价则由出售方来决定。

但是无论如何，最终，还是由高层领导者决定用哪种价格。所以，可以说"定价是经营者的事"。

第七条，"经营取决于坚定的意志"。企业经营需要愚公移山般的强大意志力，百折不挠，不甘服输。

第八条，"燃烧的斗魂"。商场如战场，厉兵秣马，驰骋沙场，骁勇善战，斗志昂扬。可谓"不战斗，无经营"。

第九条，"临事有勇"。经营者若行事懦弱，就搞不好经营。

第十条，"不断从事创造性的工作"。

十年如一日地重复劳动，一成不变，不会有什么发展前途。我们必须对工作进行创新思考，每天下一点功夫，日积月累地推进创造性工作。

第十一条，"以诚相待，诚实处事"。倘若没有体恤之意、正直之心，一定会导致经营不善。

第十二条，"乐观向上，心存梦想，怀抱希望，胸襟坦荡"。

以上是"经营十二条"。企业经营者只有发挥"自力"，切实履行"经营十二条"，经营才会走入正轨。

经营必须三力合一。首要之力是经营者自身的力量——有实力践行"经营十二条"，这是经营的先决条件之一。

借助『他力』——
自己的分身

经营成败，关键在
合伙人

经营力的第二大力量，其实到目前为止我从未特别强调过，那就是，在独自经营的情形下，是否有能力聚拢志同道合的合作者，或者称为副手、得力干将。

经营力的首要力量是经营者的"自力"，第二大力量——"他力"同样不可或缺。经营者必须善于借助"他力"。"他力"，首先表现在，甄选自己的得力干将，并将其招入麾下。

如此说来，让人立即联想到本田技研（本田技研工业有限公司，日本跨国企业，以制造汽车、摩托车、引擎为主，1937年由本田宗一郎创办。——译者注）手艺高超的铁匠本田宗一郎，以及他的后援藤泽武夫。藤泽先生精通经营管理，自始至终支持着本田先生。

所以，常有人说，正因为本田先生和藤泽先生两位通力合作，本田技研才能成长为享誉世界的企业。

同样，松下幸之助也有高桥荒太郎辅助。松下幸之助注重精神追求，一心琢磨技艺。而公司的管理与财务则由高桥荒太郎妥当打理。

一般而言，企业经营中，能否找到意气相投的合伙人，共同合作，分担重任，是决定事业成败的关键因素。

而我，起初并没有形成像本田宗一郎与藤泽武夫、松下幸之助与高桥荒太郎这样的合作关系。

从生产制造到销售，乃至经营，方方面面全部亲历亲为。但是，公司成立之后，我迫不及待地想找到一名合作者来助自己一臂之力。

我之所以开始阿米巴经营，实质上，也正希望借此磨合、培养出合作者。经营上，我已分身乏术。为了让员工理解我的难处，我对他们委以重任，肩负起某个部门的职责，亲身体验其中的甘苦——因为我想找到一名能设身处地理解经营者境况的人。

换言之，我想找到一名合伙经营者，于是，实行了阿米巴经营——通过各部门独立核算制度，"各人对本部门负责"——以此培养合伙经营者。

诚然，我一直是个多面手，但其间的苦楚一言难尽，甚至幻想，如果有个戏法，能像孙悟空那样，拔一根毫毛就能分身，我也会去试一试。

一旦有了分身，便可以分担重任，有人负责销售，有人负责管理。我一直期盼召集这样的人在身边。

打个比方，将经营这一沉重行李装入背囊，扛在肩上，弯着腰艰难爬坡；或者，扁担正中吊着"经营"重任，两人各担一端，齐声喊着号子，嘿哟嘿哟，抬着前进——当然是后者轻松多了！

能否得到"他力"的协助，各扛着扁担一端，关系着经营能否推进。

反观"人"这个字，从其结构可以推断，人不能一个人站着，需要互相支撑，据说这也正是"人"字的由来。

同样道理，经营全凭一己之力，难以为继，必须有人同甘苦、共分担。

利害关系，
难以长久

话虽如此，别说日本，连在美国，合拍的搭档也着实不容易找到。

人种差异、宗教信仰差异、思维方式差异……资本主义社会的人际关系，不谈感情，仅以成败得失论英雄。这样的社会中，一个同甘苦、共分担的合作者更是可望而不可及！

大家会劝道："别做梦啦！在美国，找同甘苦、共分担的合作者，不现实！"其实日本也不例外。

一直以来信任的同事、伙伴、搭档，却被同行业的其他公司轻而易举地用高薪挖走了。越能干、越得力，同行的公司越想挖走。当然，有时也会通过公开招聘，被其他公司选中。

迄今为止并肩战斗的同事，第二天却进入同行业其他公司，成了竞争对手。底细已经被对方摸得清清楚楚，一触即溃，这样的事例也不足为奇。

所以说，合作者难寻！日本社会虽然不像美国那般利益至上，却也不容乐观。

我毕竟是独自打拼的过来人，深知个中状况。公司从小规模起步，逐渐步入正轨，这时独自一人挑大梁或许能扛得住，如果想做成上百亿、两百亿的大型企业，那么，值得信赖的合作者必不可少。

经营者权衡利害得失，会采取股票期权等奖励机制，或者以报酬等具有诱惑力的条件结成伙伴，这在美国是惯例。日本虽然也在实行，然而，这种关系很难长久。

如果由衷地需要一名同甘苦、共分担的

合伙人，经营者必须首先开诚布公，向对方传达对企业经营肩负的使命感。

诚心之交是根本

我认为，一个人的一生，是秉持某种人生观、基于某种哲学理念而度过。

这就是我总向诸位提及的"思维方式"。

我遵循某种思维方式度过自己的人生。也遵循同样的思维方式经营企业。对此，是否赞同？能否产生共鸣？面对有意相邀来共同经营的人，我会直言不讳。

惺惺相惜者才能并肩奋斗。

真心相待，全心托付，这种关系是制胜的法宝。当然，经济上的利害必须达成平衡，而根基必须是真心相待、全心托付的伙伴关系。

京瓷创业初期，我技术平平，资金缺乏，可以说是白手起家。我想，当时能依赖的唯有人和人心。

而人心易变，一言不合便有可能背信弃义。人心莫测，不足为信！

然而，回顾历史，义结金兰、赤胆忠心的英雄故事熠熠生辉。有人一诺千金，甚至为守约、为信义而不惜付出生命。

或许人心无常，但茫茫人海，一定会有岿然屹立、足以托付的伟大心灵！

为此，我们个人首先要以身作则——诚心相待，言而有信，才能结识意气相投的伟大心灵之人。

同甘苦、共分担，结成伙伴或搭档，相互扶持。而后，尽可能地，从一人，变成两人、三人，如果能集合六名干事，六人团结一心，坚不可摧。那么，这样的团队会为经营者增添"他力"。

不仅凭借自身之力，全体干事协同一致，这是企业经营过程中的头等大事。为此，经营者必须坚定信念，构筑卓越的思维方式，将志同道合者吸纳为得力干将。

全员相助，
众志成城

此外，经营者还必须获得全体员工的协助。

为了取信于全体员工，营造全员自发开展工作的氛围，企业经营过程中，经营者应该言谈坦诚，不加掩饰。即便是聚会的席间，经营者也要打开天窗说亮话，告诉员工自己打算如何经营，如何分享成果等等。

如此一来，全体员工会产生凝聚力："这位社长，我愿意跟着好好干，助他一臂之力，不惜一切！"

全体员工的理解与协助程度决定了公司的经营——这么说绝非言过其实。

总而言之，首先，经营者必须具备"自力"，德才兼备。然后，实力雄厚的社长麾下，有副手或搭档等几位得力干将全心全意地辅佐，互相之间结成纯粹真挚的伙伴关系，赢得"他力"。

与此同时，社长还统率着一群为谋求幸

福而不惜鼎力相助的员工。如此这般，发挥他人之力，这就是经营力的第二大力量——借助“他力”。

满怀感恩之心

天地之力
为我所用

善念、善行生善果

经营的第三大重要力量也属于"他力"，这种"他力"是借助宇宙天地，将伟大的自然之力为我所用。

自始至终，我都向诸位强调，命运可以改变。积德行善，命运会转向平顺；作恶多端，终将落入万劫不复之地。

善因生善果，恶因生恶果，这

一因果报应法则是宇宙中铁一般的真理，之前我已经向诸位解释过。

向善、行善，人生结出善果——这就是将伟大的自然之力为我所用。

善念、善行，必生善果；恶念、恶行，必生恶果。这一因果报应法则，在人世之中有目共睹，佛教称之为"因缘"。

我们常说"无事生非"（日语写作"因をつけられた"。——译者注），一般用于贬义，日语汉字写作"因缘"（日语中的"因缘"一词在日常用语中有"无端的借口"之意。——译者注）。

　　而释迦牟尼佛祖参禅悟道后认为，天地万物、浩瀚宇宙的真理之中，原本都有"因"，"因"遇"缘"生"果"，是无可争辩的事实。

　　这个道理，高僧白隐禅师曾打过很多比方。例如，米，从一粒稻谷而来，稻谷为"因"。稻谷落到田里，需要水、土壤、日照和适宜的温度，才能发芽。芽长大抽穗，不久又结出稻谷，变成了米。

　　"稻谷"为"因"，遇到水、土壤、阳光、气温等"缘"，结出稻穗，脱粒成米，米即是"果"。

释迦牟尼佛祖将"因"称为"业",宇宙有"因"。而"因",在佛教中与"念"相通。空无一物的宇宙中,最初兴起的是"心念"。

基督教或犹太教称"太初有言"。"有言",即发话,正表明有"念",有"心念"。空无一物的太初,最先兴起的"因"是"心念"。"心念"是一切的本源。

佛教中,称之为"业",前世今生,不断轮回的是我们各自的"业"。"业""缘"会遇,生出结果。

因此,每个人的人生也罢,种种遭遇也

罢，都是与生俱来的"业"遇到"缘"之后
呈现出的结果——这与因果报应法则是完全
一致。

　　善念、善行，生善果。同样，善因、恶
因，因缘际会，各得其果。

禅宗问答
"因缘法则"

　　我所属的临济宗（禅宗南宗五个主要流派之一，始于唐代，12世纪后传入日本，20世纪80年代，日本临济宗信徒逾500万人。临济宗对日本的茶道、书法、武术、绘画、文学、建筑、能乐、连歌、园艺、料理等都有很大的影响。——译者注）流派临济禅中，有一本《无门

关》(全称《禅宗无门关》，宋代无门慧开禅

师撰、参学弟子宗绍编的一部禅宗经典。临

济宗对其尤为重视，其英译本在欧美十分流

行。——译者注）问答录，书中的第二则是

"百丈野狐"的禅宗问答。

　　传说，某位禅师说法时，总有一位老僧

随众倾听。禅师思忖道，这位老僧竟如此热

心听法！某日，说法后，老僧不归。禅师

问其缘由，答曰，自己本是 400 年前该寺的

主持。随后，老僧讲述了下面这番话。

　　我任主持之时，曾有人问："佛陀所说

因缘之缚，即因缘际会，必生果报。那么，

得道高僧是否已经从这因果律、因缘法则之中解脱了呢？"

我当时答道："理所当然。倘若开悟，即不为因缘法则所缚，已然解脱。"话音刚落，我变为一只野狐，其后 400 年间，在本寺安居。

"同样的问题，我想再次质询于你，开悟之人是否已经超越因缘轮回呢？"

禅师答道：

"即便是开悟之人，也不能脱离因缘世界。然而，开悟之人，深谙因果世界之理。深谙因果、因缘世界之理，才能称得上大彻大悟。"

"原来如此。我正因为回答，开悟之人
已然从因缘世界解脱，获得自由，才变为野
狐，苟且偷生 400 年。听得禅师一席话，豁
然开朗。固然不能脱离因缘世界，但只要深
切理解因缘之根本，便得开悟。"

老僧继续说道："谜团已解，我化作野
狐的 400 年寿命今日终结。本寺后山会发现
死去的野狐，请将其安葬。"说罢，老僧飘
然离去。

不一会儿，禅师召集行脚僧，通知将做
法事。众僧不知为谁做法事，也并未听闻有

人死去，所以个个都面露惊讶之色，聚集到后山。

禅师将土掘开，一只死去的野狐赫然在目。众行脚僧震惊之余，将野狐火葬，第二天清晨，依照圆寂僧人的仪式，唱经并进行安葬。

如此，变为野狐的老僧终于从轮回中解脱，这就是《无门关》第二则"百丈野狐"。

感恩之念生慈悲、
利他之心

经营上重要的第三大力量是，
获得伟大的宇宙之力、自然之力。

若要成事，须得天助。为此，
经营者积德行善，获得宇宙的助力，
命运便趋于平稳顺畅。

那么，所谓"积德行善"，究竟
何意？概而言之，即"利他"。一
颗美好的爱心，与人为善，助人为

乐，体恤关爱，以及佛教所谓"慈悲为怀"。

常存"感恩之心"，才会有一颗与人为善、慈悲为怀的美好爱心。感恩，即对自身所处的幸福心怀感激，那么，自然而然会去关爱他人、善待他人。

对天地万物的感激之情，源于美好的爱心，是善念；而善念，无需赘言，终究归根于感恩之心、体恤之意。

那么，何为恶念？是"利他"的对立面——"利己"。自私自利的贪婪，是恶心、恶念。

秉持一颗感恩之心，常存"利他"之

念，这样的人，必会为上天所眷顾；另一方面，自私自利，执迷不悟，其所作所为无异于作茧自缚。

智慧抑制烦恼

一直以来，我向诸位强调，必须心怀感恩，与人为善，慈悲为怀。成就这样的杰出心灵，并非易事。

凡夫俗子，肉眼凡胎，每个人都有自然赋予的本能。在这些本能中，最强大的本能就是释迦牟尼佛祖所谓的"烦恼"。

诸多烦恼之中，最厉害的莫过

于称为"三毒"的三大烦恼。

其一，"贪"——贪婪的欲望。

其二，"嗔"——自作主张，容易动怒。

其三，"痴"——不满，抱怨，发牢骚；羡慕，嫉妒与怨恨。他人春风得意的时候心生艳羡，甚至猜忌。这些恶念都是"痴"。

贪、嗔、痴，本属天性，是人类肉体本能的三种需求。如果丧失这些需求，人类无法生存。

欲望消退，会连进食都变得困难；大敌当前时，又必须激发出"好胜心"这种烦恼。诸如此类，都是赖以生存的动力。

然而，我们心中有智慧，能够理性地控制自己的本能与烦恼。否则，日常生活中岂不遍地都是贪得无厌、怒发冲冠和怨天尤人之徒？

所谓本能，并非缜密思考后作出判断，而是条件反射一般的反应——条件反射般地怒火上升，条件反射般地冒出"可别吃亏"的贪欲。

这种本能并非头脑指挥行动，而是如同条件反射一般瞬间闪现。想要什么东西，想吃什么食物，无需经过大脑思考，而是条件反射一般地表现出来。

正是这些条件反射，支配着我们日常生活中的一举一动。这就是人的本能"烦恼"。

没有本能和烦恼，人类将无法生存。然而，倘若过分强烈，则会导致"利己"。合自己心意便万事大吉，这种"利己"，亦属"恶念"。

因此，无论如何，必须抑制"烦恼"，生出"利他"之心。

"别那么贪婪，怎么可能凡事以自己为中心？纵观人世间，有商业竞争对手，也有自己的员工、伙伴。各式各样的人，大家共同为幸福而奋斗，如何？"必须从思想根源出发，催生智慧，抑制本能。

　　烦恼因本能而生，所以我们必须秉持感恩之心，并贯彻于日常的言行举止之中，与人为善，慈悲为怀，从而断除无谓的烦恼。

　　唯有从思想根源出发，运用智慧，教导自己。倘若听之任之，依本能生活，必定烦恼丛生。因此，我们必须谨言慎行，抑制利己之心，生出利他之心。

呵护心灵
庭院之美

长久以来，总听闻"人需要修身养性"之类的劝告。我也一直不断地提醒自己"不忘修行"，抑制利己心，生出利他心。

经过这番历练，会蜕变为"修养高深之人""精进之人"或者"修行之人"。

我常常引用詹姆士·艾伦（詹

姆士·艾伦，1864年-1912年，英国著名作家，被誉为20世纪"人文科学领域的神秘者""心灵导师"，他一生著作颇丰，包括《做个思想者》《从贫穷走向权力》《命运的主宰》等经典作品，被译为数十种文字，畅销全球，成为励志和个人奋斗的精神标本。——译者注）的这段话：

"人心如庭院。倘若不曾用心照料自己内心的庭院，荒草离离，生生不息，那么，杂草将永远清除不尽；倘若希望自己内心的庭院里长出奇花异草，就必须种下你所希望的珍稀花种，精心呵护。"

否则，任其自生自灭，心灵的庭院里一定会生出"烦恼"的杂草。一旦烦恼萌生，再难根除。

因此，将"烦恼"的杂草连根拔除，播撒下全新的利他心、向善心、慈悲心以及感恩之心。

而且，必须多加呵护，存利他之念。倘若疏于照料，不消多时，"烦恼"的杂草又会死灰复燃，精心播种的利他之心也会随之枯萎。

借用詹姆士·艾伦的名言，可以证实这一点。

因此，我们要时刻提醒自己，抑制利己心，生出利他心、感恩心，努力精心呵护自己内心的庭院。

自然之力的
恩赐

　　坚持不懈的努力之后，你将会怎么样？答案是——人格会提升，与 10 年前、20 年前截然不同。性格会改观，人品会改观，会成长为一个出类拔萃的人。

　　常常敦促自己调整心态，那么，性格会随之转变，人格也会随之转变。其结果，往小了说，与人相处得更好；往大了说，容貌都会换新颜。

常有人说，相由心生，心理活动从表情上反映出来。正是这个道理，如果悉心呵护心灵，那么，心灵改变，容貌自然而然会跟着改变。

我自己也有体验，年轻时可能还意识不到，年纪大了，连杀个虫子也不敢下手。

想必诸位，家中如果出现蟑螂，定会大喝一声，举起扫帚，迅速将其剿灭。最近，不止蟑螂，连夏天的蚊子，以前都逃不出我的掌心，现在却下不去手了。

看到蚊子吸血，说一句"喂，说你呢，

上一边去吧！"（笑）我自己也不明白是怎么回事。

　　我家周边自然环境很好，常有大黄蜂在飞。花匠说这种黄蜂非常危险，必须立即驱赶。而我呢，就算它嗡一声飞过来也不当回事，不会躲避。但这么一来，黄蜂却也并不加害于我。

　　某年夏天，我打算去参加庆典，傍晚时分，骤雨袭来，把我堵在了家里。虽说如此，只见从柏油路缝隙里伸出来的小草，焦渴了一个星期，前一刻还在烈日的曝晒下垂头丧气，倏忽之间，大雨从天而降，甚至能听到杂草丛中一片欢腾喜悦。

这场雨，造成了我的出行不便，对小草却是喜讯——"哎呀呀，下雨啦，太好啦！"说真的，雨来得太不凑巧，而我却听见自然界的植物发出了欣喜之声，于是，也情不自禁地想："哎呀呀，下雨啦，太好啦！"

原本是一个不顺心的时刻，却有了这般的收获。

如果常常提醒自己，抑制利己心，生出利他心，那么，人的品格会改观，人性也会提升。同时，连昆虫等自然界之物，都不会来侵害了。

从宏观角度来说，这是赢得了浩瀚宇宙的助力。并非什么超能力、超自然现象，只是运势转好而已。

常言道，山穷水尽，才得柳暗花明。很多时候，并非个人力量去推动，却是无心插柳柳成荫。

换言之，经营者必须将伟大的宇宙之力为我所用，这也属于第二大力——"他力"。

为命运所眷顾，而这种眷顾又可以通过自身的努力达成。不能单纯归结于"运气好"，而是有一颗美好的心灵，必然会得到命运的垂青。

经营目标——
自利利他

经营力中最重点的一点是经营者自身必须具备"自力"。

第二点，发掘优秀的合作者，得到对方协助。同时，员工协同一致，共同奋斗——赢得"他力"。

第三点，也是"他力"，宇宙、自然之力的恩赐。

三力缺一不可，否则不可能成

为卓越的经营者，更不会有杰出的经营。

我一直强调，善因生善果，恶因生恶果，但今天我第一次提到，这么做，用意在于召唤上天的眷顾，赢得各方力量的支持。

虽然道理已经一清二楚，但在资本主义社会，常会有人产生这样的疑问——"以利他之心来经营是否可行？"通常认为，开展经营需要的是单枪匹马的个人英雄主义、利己主义，其实绝非如此。

佛教中有"自利利他"一词——若想利己，必先利于他人。不与他人为善，也难以获取自己的利益。所以，制订工作计划的时候，有些人一味以自己谋利为出发点，而另一些人却截然相反，秉持"息息相关的所有人都能生活幸福"的信念，筹划事业蓝图，那么，局面会截然不同。

以"我为人人"之心，制定周密的事业规划，工作才会顺利开展。只顾自己赚钱，无论花多少力气，计划多么天衣无缝，都会因为侵害了他人而难以推进。

所以说，即便在资本主义社会，"利他"也至关重要。我再次对诸位强调这一点，并以此结束今天的谈话。最后，衷心感谢诸位的聆听！

活法的真髓

稻盛和夫箴言集

2

11

箴言集刊载于"稻盛开讲"系列以下分册中。

活法的真髓1（1—10）刊载于《稻盛开讲1：人为什么活

创立事业、经营企业必须提高利益，但所谓"利益"，终究只是一种结果。企业经营过程中，必须摆正心态，时刻谨记，事业的根本是"为世人，行大义，尽本分"。

《敬天爱人》

12

经营策略必须符合世间通行的道理或者说"法则"。倘若违背正常的伦理道德，绝对不可能行得通。

《敬天爱人》

13

"销售最大化、费用最小化"，这一原则可谓是经营的"真言"，超越了世间的常识。一般而言，企业会基于"本行业的一般利润率"等心照不宣的常识来经营。然而，倘若从"销售最大化、费用最小化"这一原则出发，可以无限量地增加销量，同时尽可能地节约开支，其结果，利润会随之无限量地增长。

《阿米巴经营》

14

发展新事业，需要开拓思路，冲破束缚，自由畅想。而这一点，传统观念根深蒂固的专业人士无能为力，恰恰是跨界人士才擅长。

《向日本进言》

15

商业销售的秘诀在于，识透"顾客乐于接受并欣然购买"的最高价格，以这一价格进行销售。定价是决定企业生死存亡的重大决策，最终由经营者一锤定音。正所谓"定价即经营"。

《稻盛和夫的实学：创造高收益》

16

真枪实弹，征战商场！即便游刃有余之时，也必须保持危机感，随时行动。这一点至关重要，是企业稳固经营的秘诀。

《活法贰：追求成功的热情》

17

企业必须实现可持续发展。为员工谋求物质与精神两方面的幸福，前提是提高收益率，增加手头的现金量，强化财务素质。在这一意义上，提高收益率成为繁荣社会的必要条件。

《阿米巴经营》

18

当每个人都具备了责任感和使命感，员工就会自发地投身于工作之中。所谓高收益经营，即员工积极参与经营，向着目标，团结一心，意气风发，共同奋斗。

《稻盛和夫的实学：创造高收益》

19

"方向一致"是成败的关键。兴趣相投的人组成俱乐部或社交团体时，各自理念求同存异，正是组织的活力之源。然而，企业不同于此，肩负使命，必须全员建立共同的价值观。

《活法贰：追求成功的热情》

20

人心多变，然而，一旦团结一心，那将是世上最坚不可摧之物。历史上依靠人心创造伟大成就的例子，不胜枚举。统率企业，成败在于人心。

《阿米巴经营》